À Son Altesse Royale

le Prince héréditaire

CHARLES DE WÜRTEMBERG.

Ouvrage dédié à l'Armée Belge par les traducteurs de la 2ᵐᵉ édition.

BRUXELLES. — 1846.

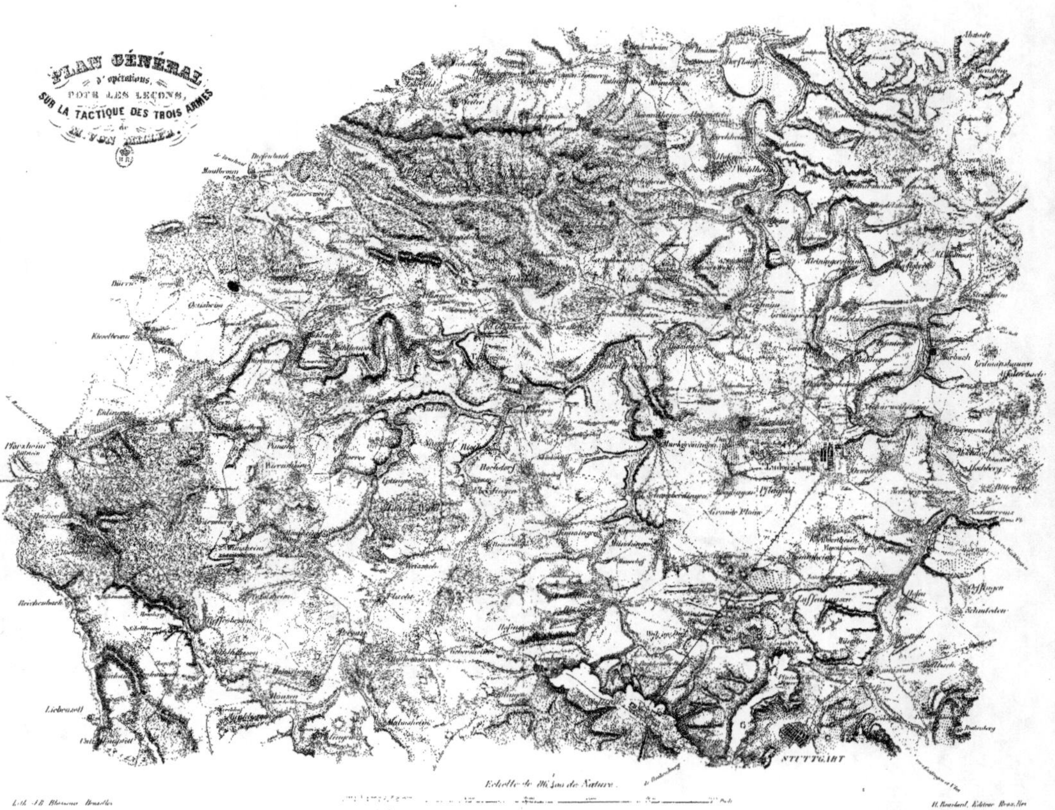

PLAN GÉNÉRAL
d'opérations,
POUR LES LEÇONS,
SUR LA TACTIQUE DES TROIS ARMES
de
M. VON DECKER.
Echelle de 1/180,000 de Nature.
STUTTGART

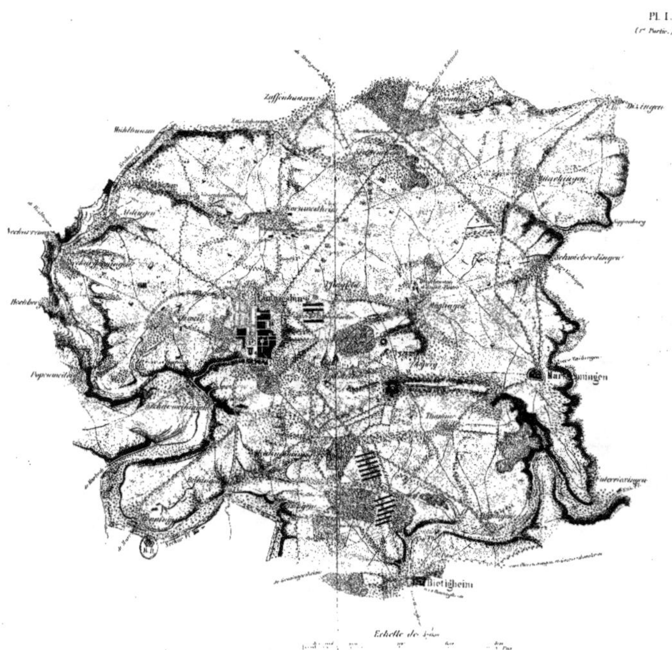

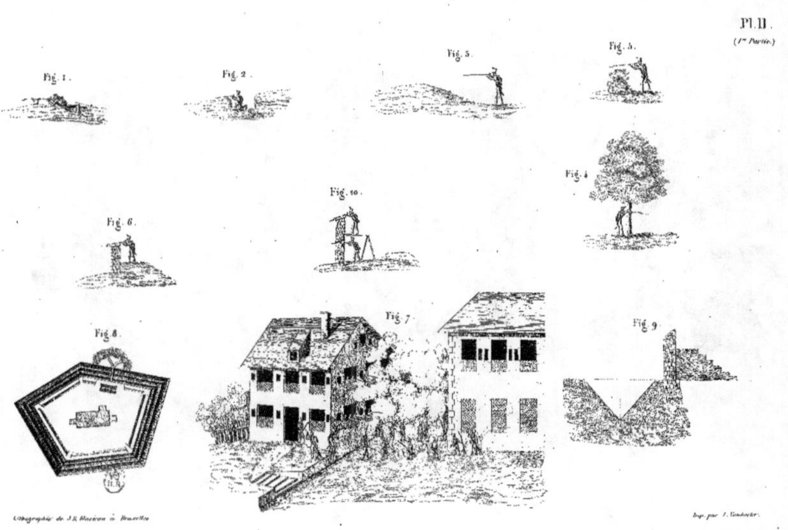
Pl. II.
(1re Partie.)
Fig. 1.
Fig. 2.
Fig. 3.
Fig. 5.
Fig. 4.
Fig. 6.
Fig. 10.
Fig. 8.
Fig. 7.
Fig. 9.
Lithographie de J.B. Madou à Bruxelles.
Imp. par J. Vanderborght.

Fig. 1.

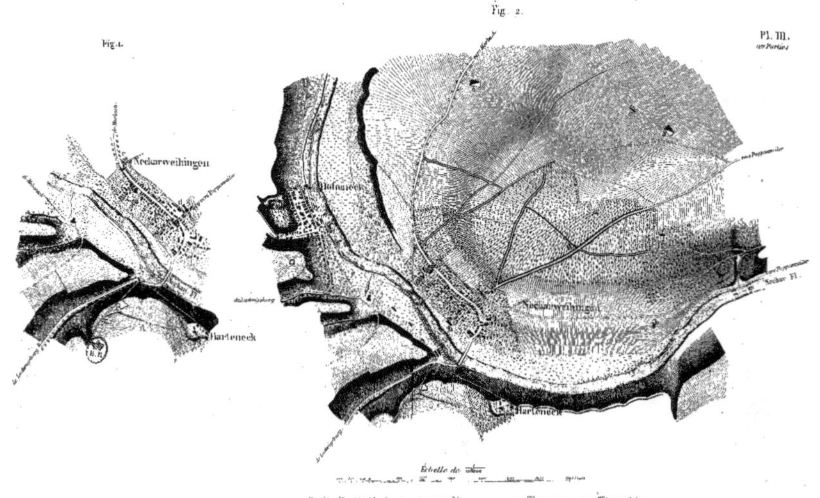
Fig. 2.
Pl. III.
1ere Partie
Neckarweihingen
Hoheneck
Neckarweihingen
Harteneck
Harteneck
Echelle de
Lithographie de J. B. Blaesemann à Berger-Rue
Imp. par E. Hocquet

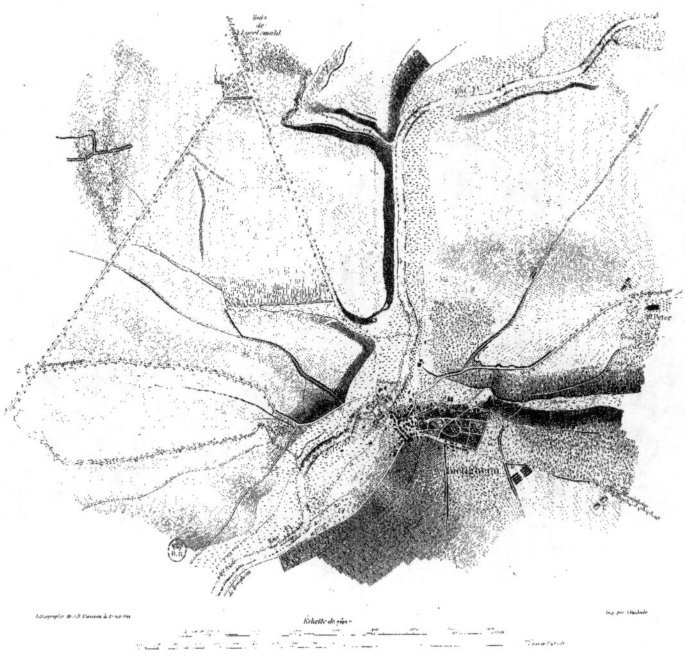
Échelle de 1/80 000

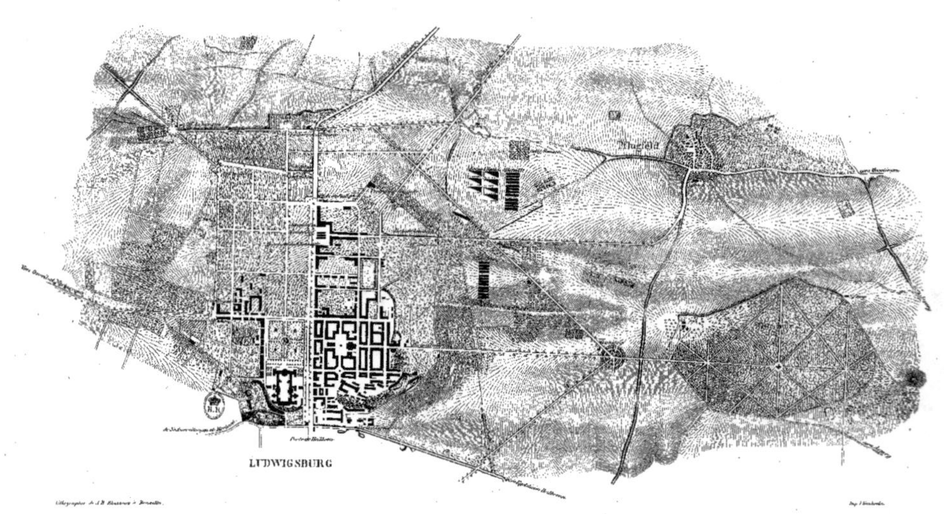
LUDWIGSBURG

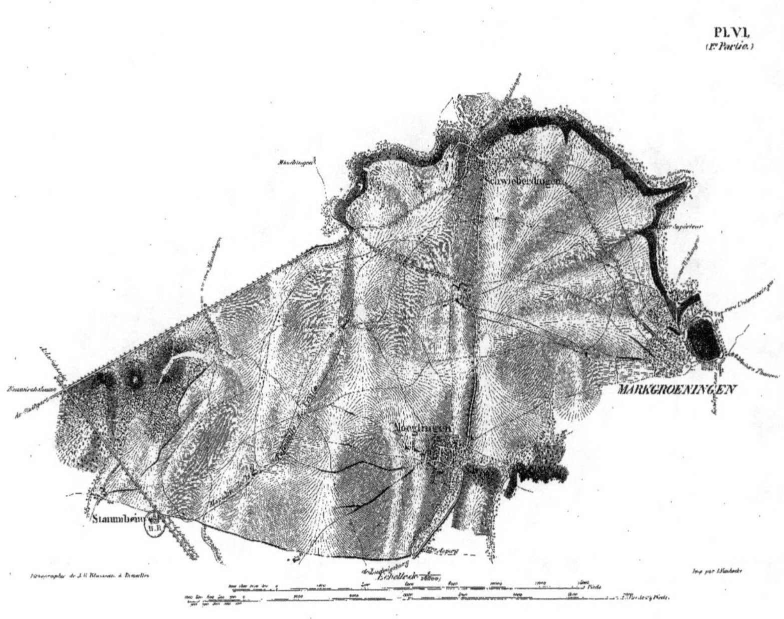
Schwieberdingen
MARKGROENINGEN
Stammheim
Lithographie de J. H. Briesmann à Bruxelles.

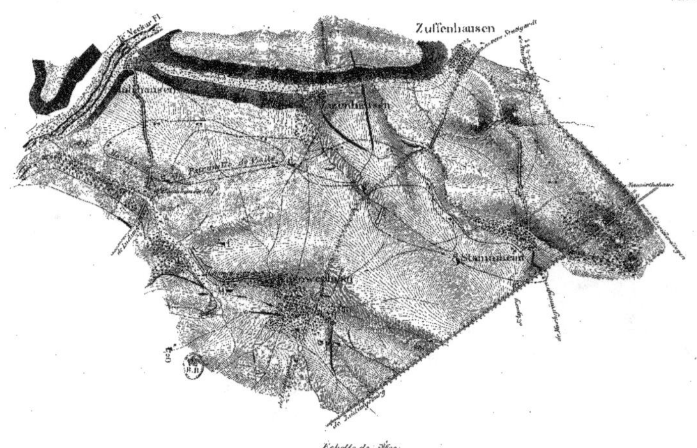
Zuffenhausen
le Neckar Fl.
Feuerbach
Stammheim
Echelle de 25,000
de Ludwigsburg
Lithographie de J. B. Brasseur à Bruxelles.
Imp. par J. Vondrée.

Pl. VIII.
(1re Partie)
Hochberg
Neckargröningen
Neckarrems
Poppenweiler
Neckar Fl.
Oswald
Aldingen
Neckar Fl.
Salon
LUDWIGSBURG
Neckarweihingen
Échelle de
Lithographie de J. B. Madou à Bruxelles.
Imp. par L. Vanderhecht.

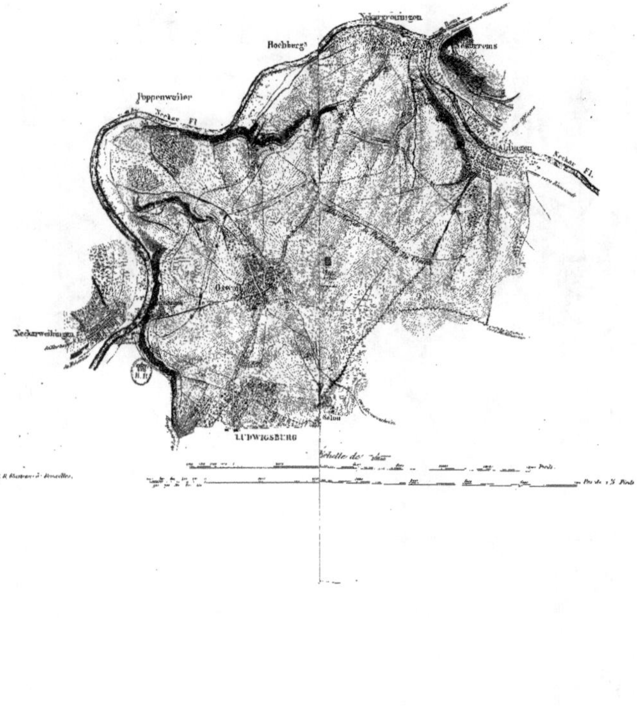

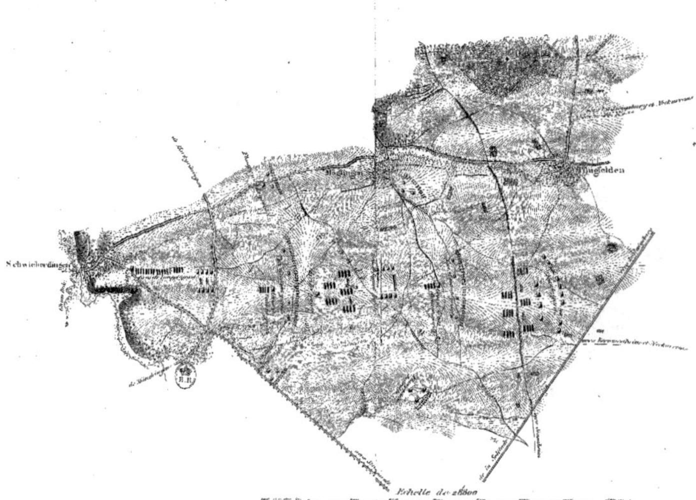

PLAN.
(2e Partie)
Schwieberdingen
Münchingen
Hingelden
Echelle de 28800
Lithographie de J. B. Hanson à Bruxelles
Imp. par J. Vanderlo

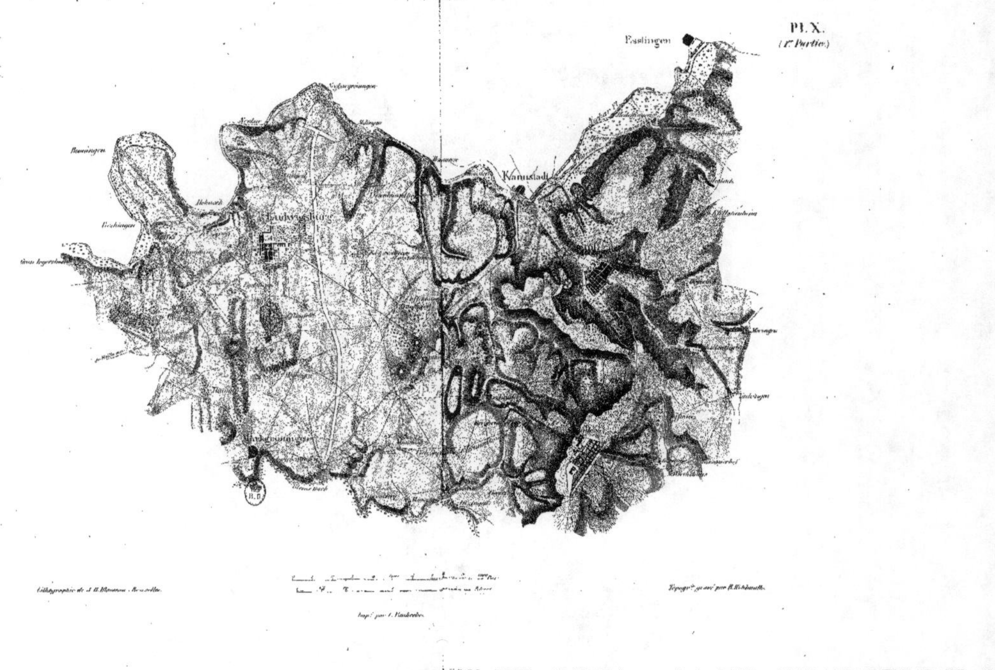

Esslingen
Cannstadt

Breughem
Braughem
S.t Pierre
de Bourg.
Honrepos
B.B.
Chemin
Lithographie de J. B. Blasseau à Bruxelles.
Imp. par I. Vanhecke.

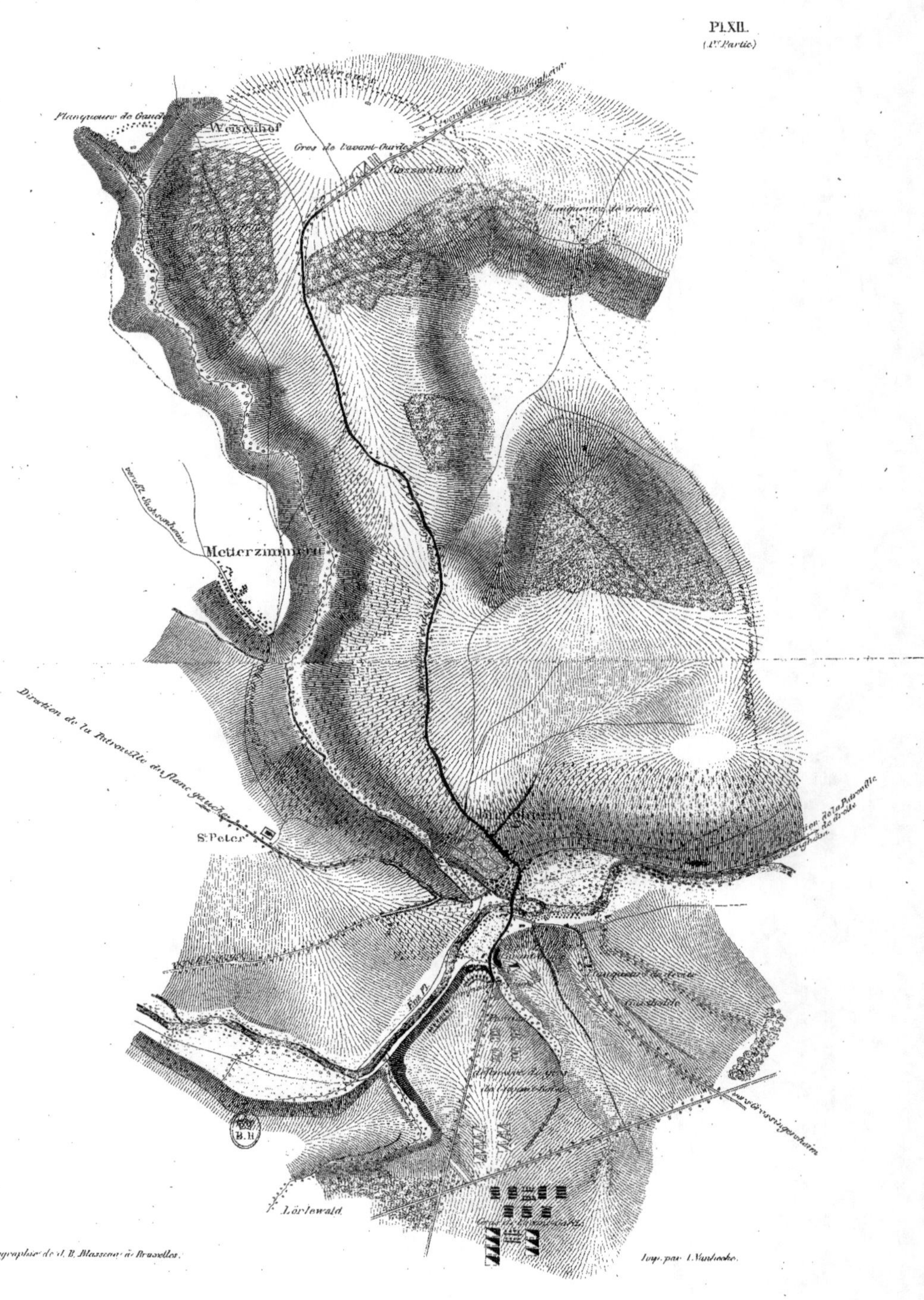
PL.XII.
(2.e Partie)
Flanqueur de Gauche
Weisenhof
Gres de l'avant-Garde
Metterzimmern
Direction de la Patrouille de Flanc gauche
St Peter
B.H
Lörlewald
Lithographie de J.B. Blasseau à Bruxelles.
Imp. par J. Vanhecke.

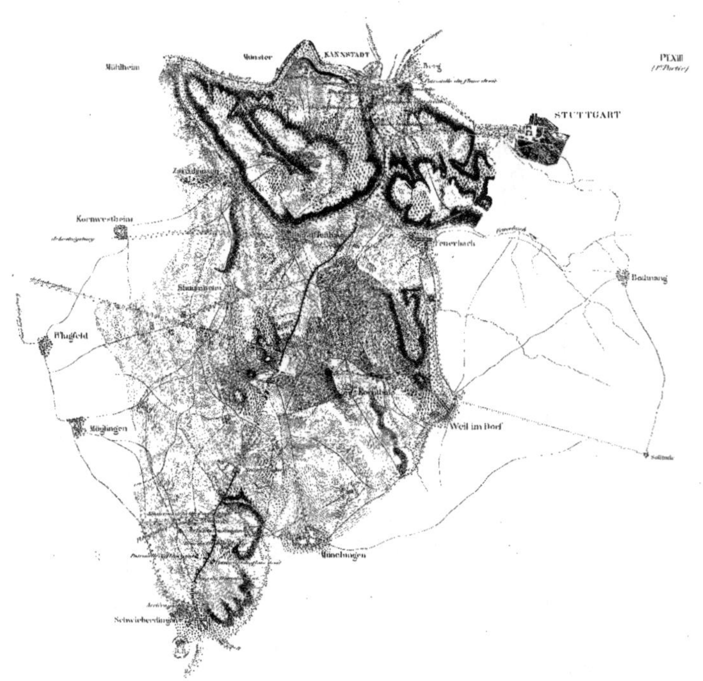

PLXIII
(1re Partie)
Mühlheim
Münster
KANNSTADT
Berg
STUTTGART
Zazenhausen
Kornwestheim
Feuerbach
Stammheim
Backnang
Pflugfeld
Möglingen
Weil im Dorf
Solitude
Zuffenhausen
Kornthal
Münchingen
Arenberg
Schwieberdingen

Lithographie de J. B. Blaumann, Bruxelles.
Imp. par L. Dechesne.

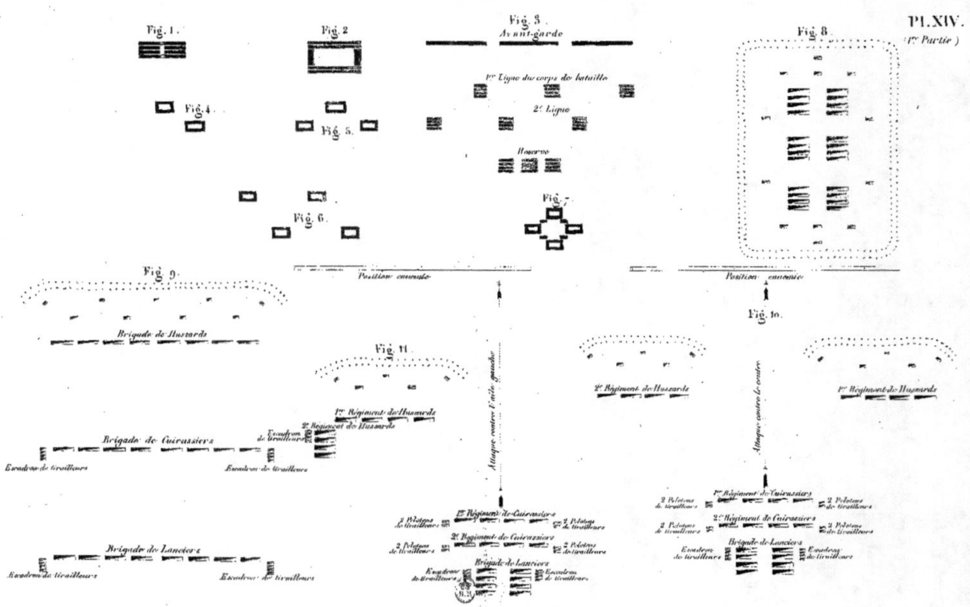

Pl. XIV.
(1re Partie)
Fig. 1.
Fig. 2.
Fig. 3.
Avant-garde
1re Ligne du corps de bataille
2e Ligne
Reserve
Fig. 4.
Fig. 5.
Fig. 6.
Fig. 7.
Fig. 8.
Fig. 9.
Brigade de Hussards
Brigade de Cuirassiers
Escadron de tirailleurs
Escadron de tirailleurs
Brigade de Lanciers
Escadron de tirailleurs
Escadron de tirailleurs
Fig. 11.
1er Régiment de Hussards
2e Régiment de Hussards
Escadron de tirailleurs
2 Pelotons de tirailleurs
1er Régiment de Cuirassiers
2 Pelotons de tirailleurs
2 Pelotons de tirailleurs
2e Régiment de Cuirassiers
2 Pelotons de tirailleurs
Brigade de Lanciers
Escadron de tirailleurs
Escadron de tirailleurs
Position ennemie
Attaque contre l'aile gauche
Position ennemie
Fig. 10.
2e Régiment de Hussards
1er Régiment de Hussards
Attaque contre le centre
2 Pelotons de tirailleurs
1er Régiment de Cuirassiers
2 Pelotons de tirailleurs
2 Pelotons de tirailleurs
2e Régiment de Cuirassiers
2 Pelotons de tirailleurs
Escadron de tirailleurs
Brigade de Lanciers
Escadron de tirailleurs

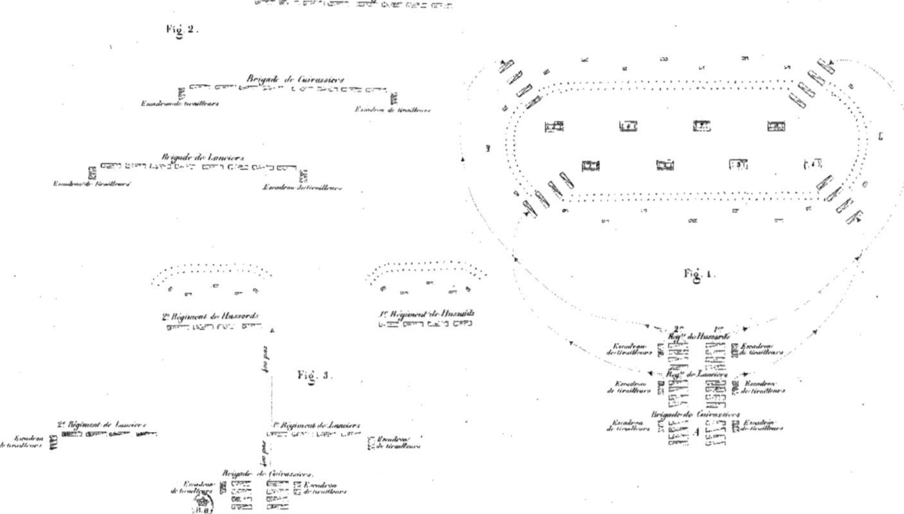

Pl. XV.
(1re Partie)
Fig. 2.
2e Régiment de Hussards
1er Régiment de Hussards
Brigade de Cuirassiers
Escadron de tirailleurs
Escadron de tirailleurs
Brigade de Lanciers
Escadron de tirailleurs
Escadron de tirailleurs
Fig. 1.
Fig. 3.
2e Régiment de Hussards
1er Régiment de Hussards
2e Régiment de Lanciers
1er Régiment de Lanciers
Escadron de tirailleurs
Escadron de tirailleurs
Brigade de Cuirassiers
Escadron de tirailleurs
Escadron de tirailleurs
2e Rgt de Hussards
1er Escadron de tirailleurs
Escadron de tirailleurs
Rgt de Lanciers
Escadron de tirailleurs
Escadron de tirailleurs
Brigade de Cuirassiers
Escadron de tirailleurs
Escadron de tirailleurs

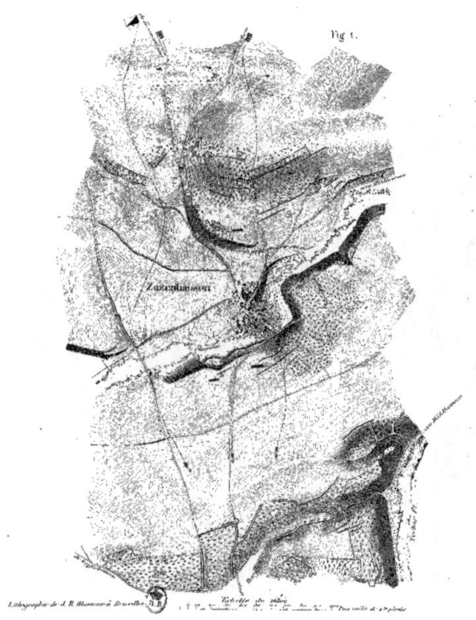

Fig. 1.

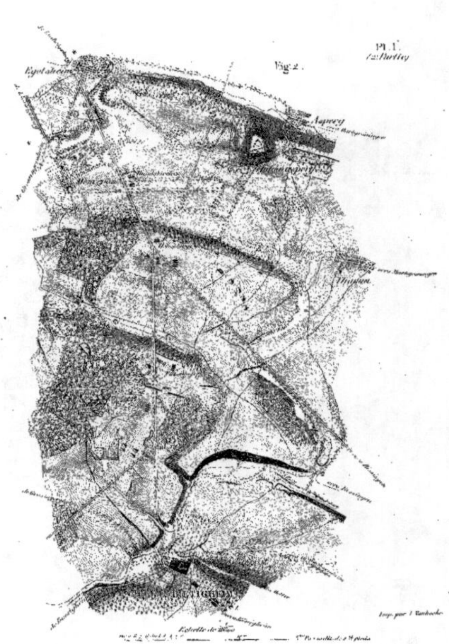

Pl. 1.
Fig. 2.

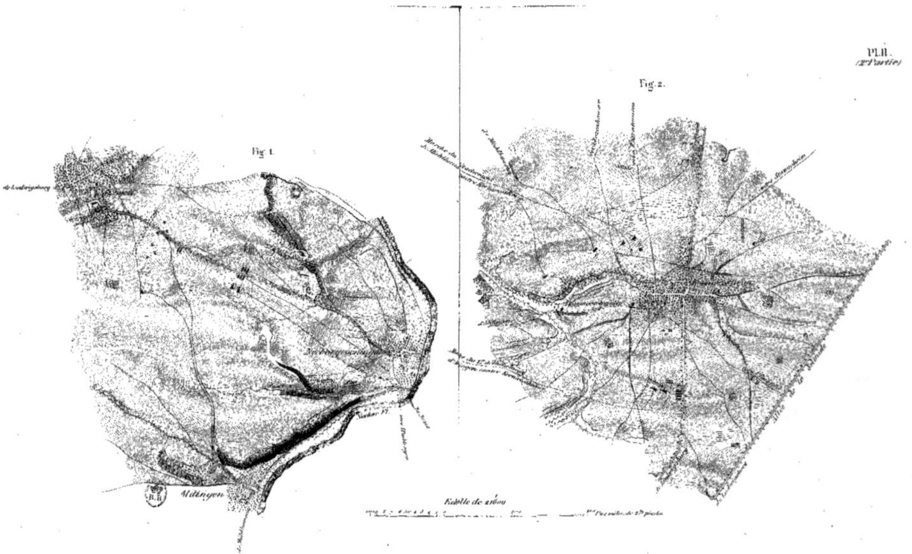

PL.II.
(2e Partie)
Fig. 1.
Fig. 2.
Udingen
Echelle de 1/600m

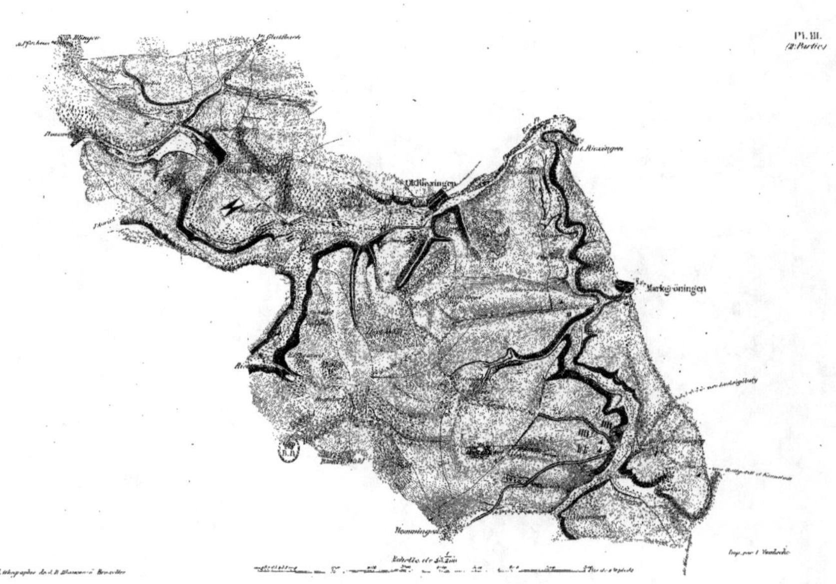

Pl. III.
(2.e Partie)
Markgröningen
Hemmingen
Echelle de 1/50.000
Lithographie de B. Simonau, Bruxelles

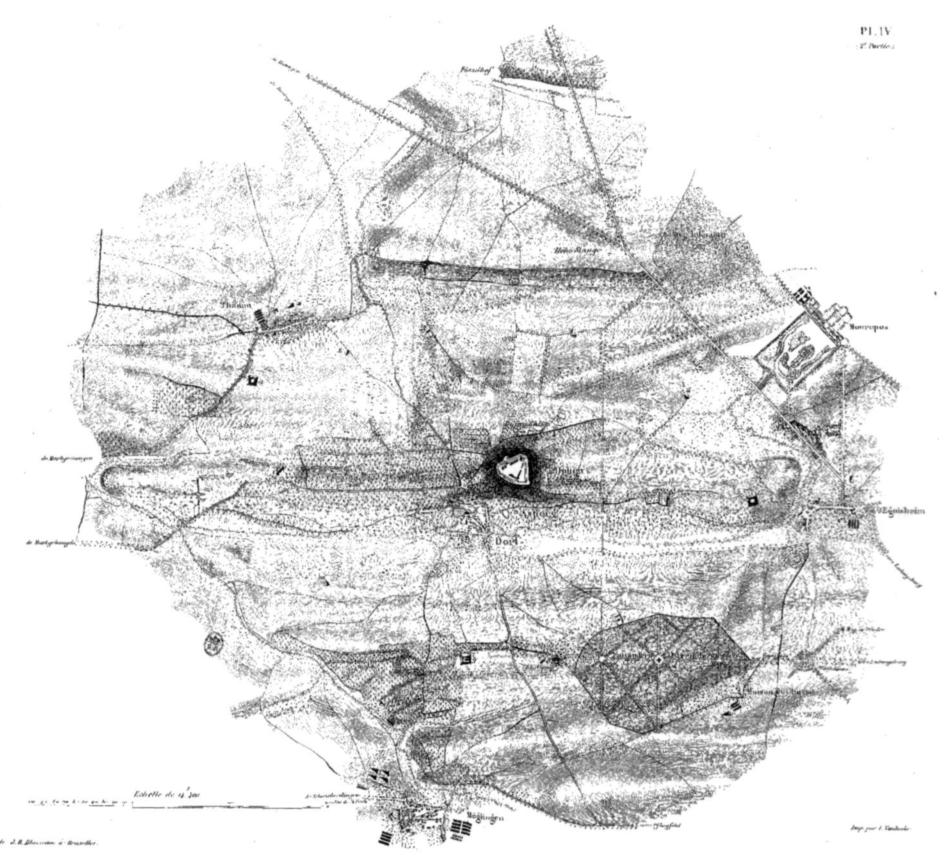

Lithographie de J.B. Blanhaus à Bruxelles.

Imp. par J. Vanderle.

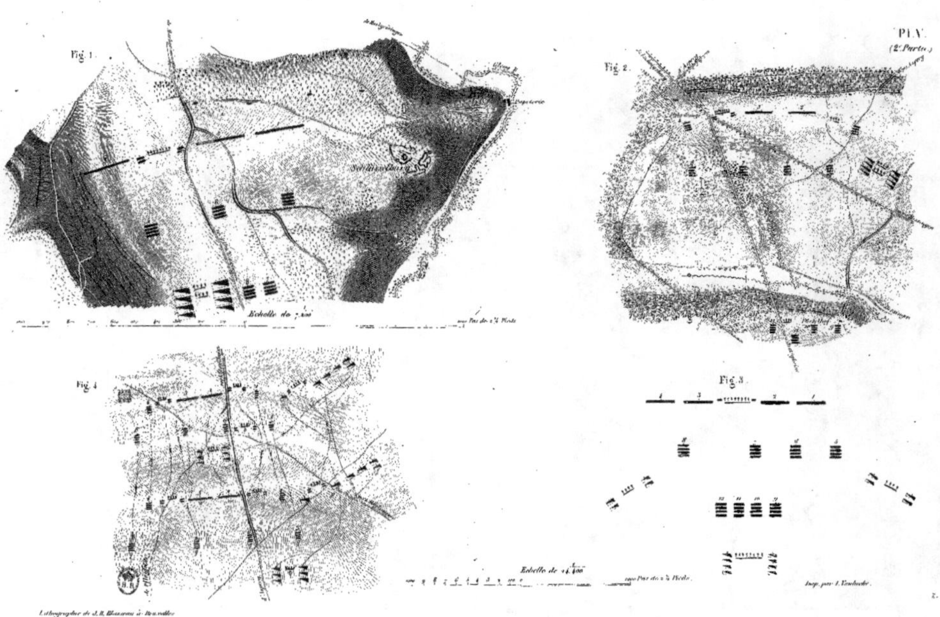

Fig. 1.
Fig. 2.
PL.V.
(2.e Partie.)
Fig. 3.
Fig. 4.
Echelle de
Lithographie de J. B. Blaereau à Bruxelles.
Imp. par J. Vandooit.

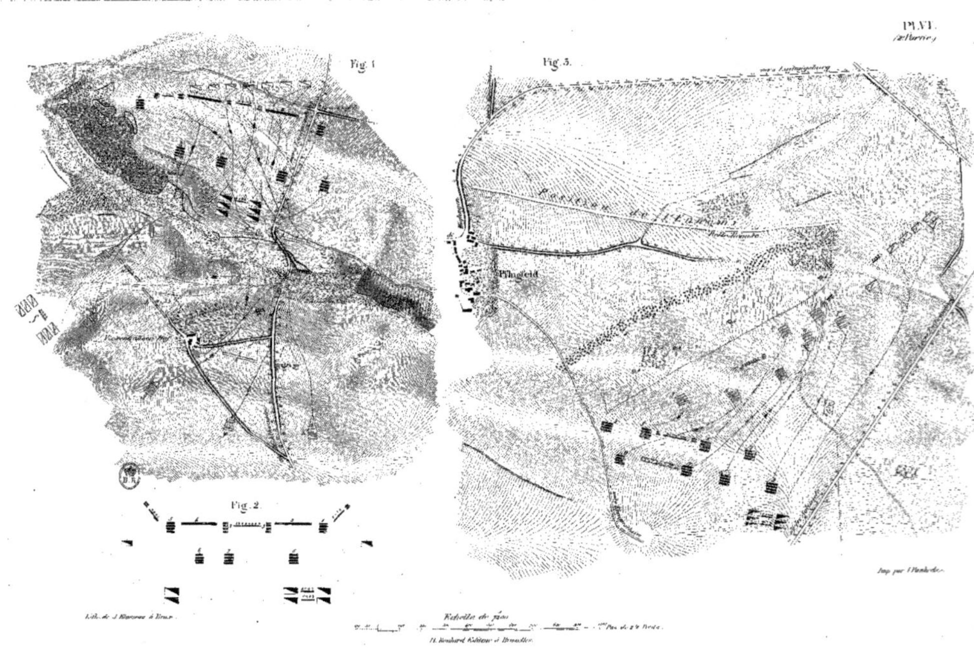

Fig. 1.
Fig. 3.
Pl. VI.
(2e Partie.)
Plugeld
Fig. 2.
Echelle de plan
Lith. de J. Maurer à Brux.
Imp. par J. Ratterdez.
H. Boulard Editeur à Bruxelles.

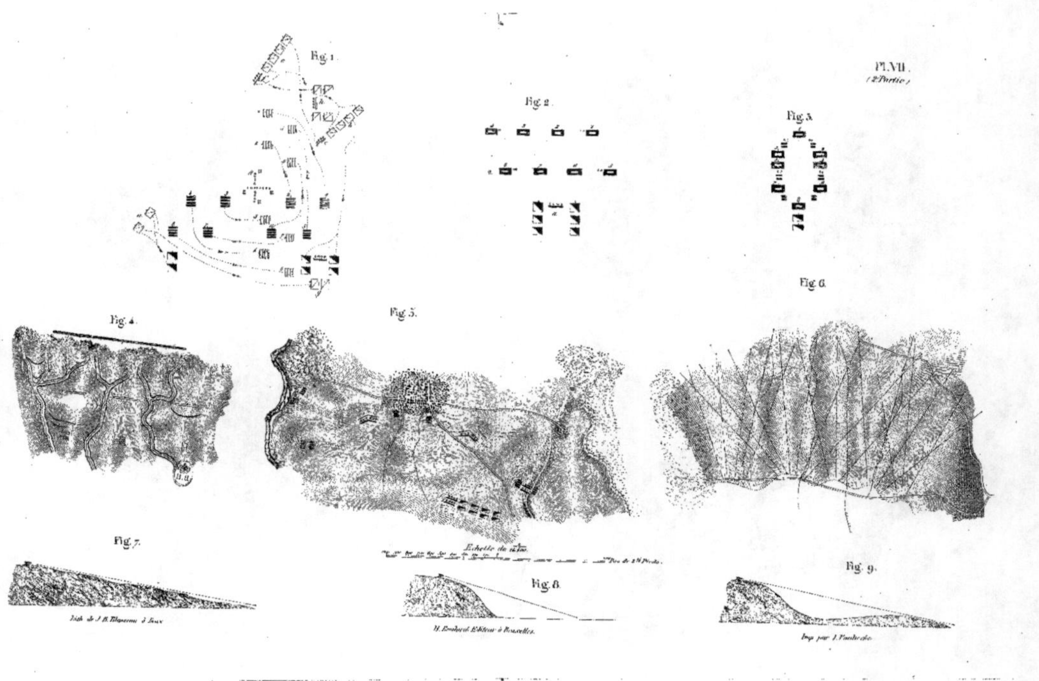

Pl.VII.
(2e Partie)
Fig. 1
Fig. 2
Fig. 3
Fig. 4
Fig. 5
Fig. 6
Fig. 7
Fig. 8
Fig. 9
Echelle de 15 km.
Lith. de J. B. Blaareau à Jeux.
H. Brothers Editeur à Bruxelles.
Imp. par J. Ventebio.

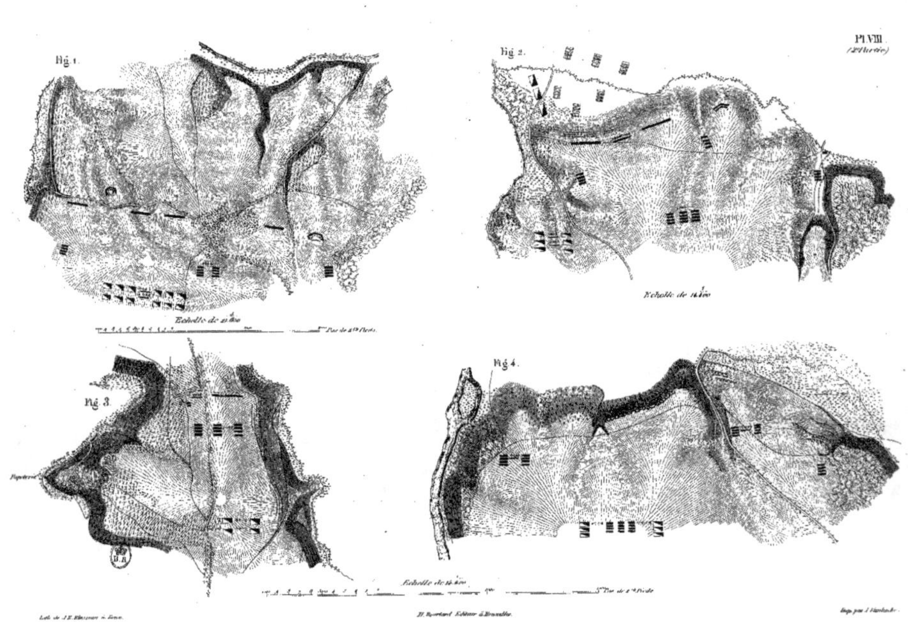

Fig. 1.
Pl. VIII.
(2.de Partie)
Fig. 2.
Echelle de 16,000
Fig. 3.
Fig. 4.
Echelle de 16,000
Lith. de J. E. Blanpain à Liége.
H. Borlet, Editeur à Bruxelles.
Imp. par J. Vanbuggenhoudt.

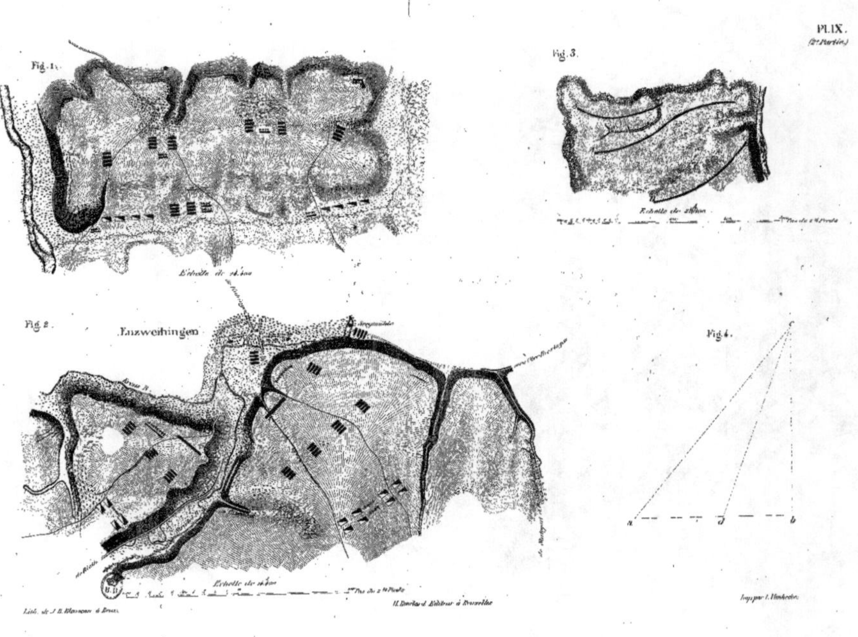

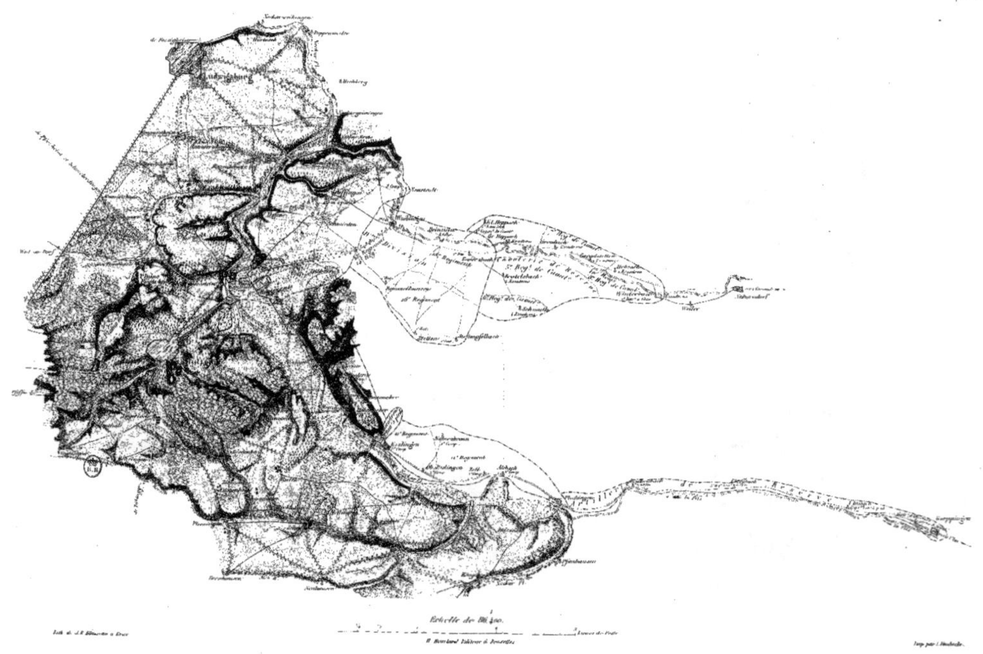
Echelle de 1/80.000.
Lith. de J.P. Simonau à Brux.
H. Merzbach Editeur à Bruxelles.
Lieues de Poste
Imp. par J. Daubrés.

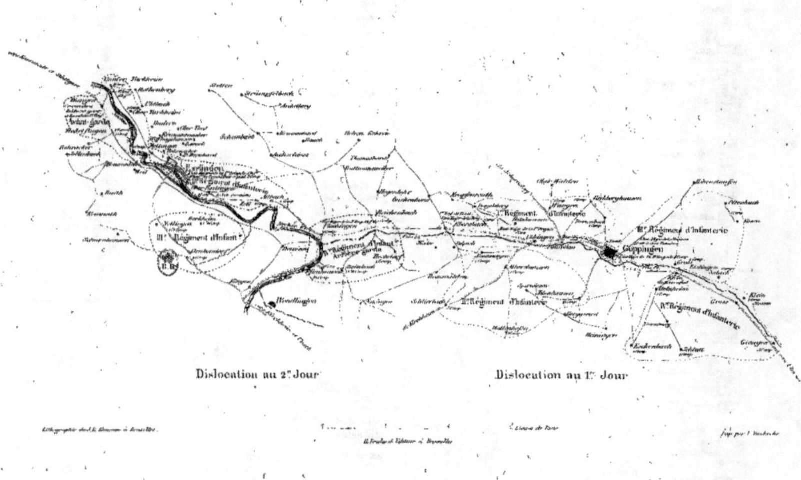

Lithographie de L.E. Simonau à Bruxelles.
H. Tarlier et Éditeur à Bruxelles.
Imp. par J. Vanderlinde.

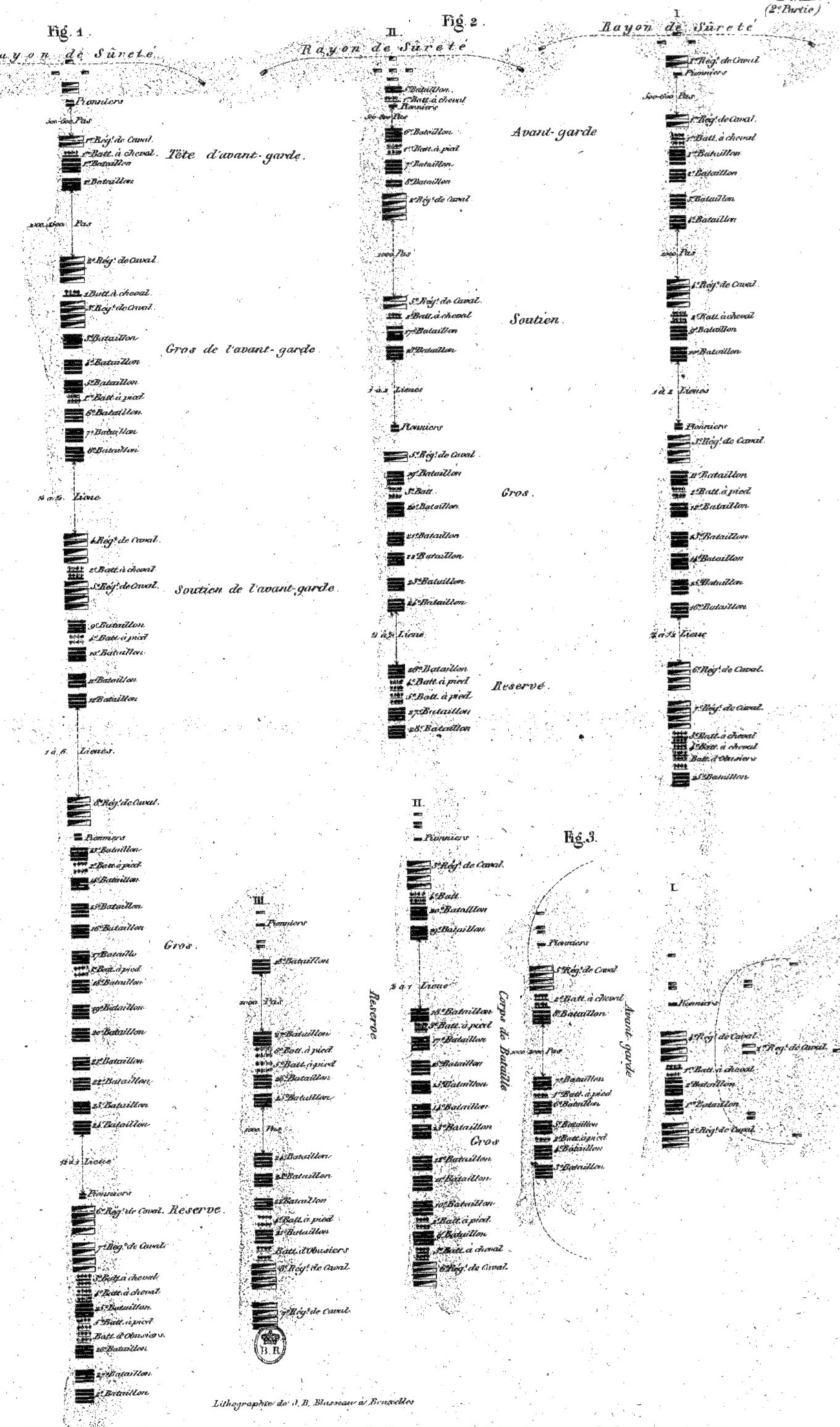

Pl. XII.
(2e Partie)
Fig. 1.
Rayon de Sûreté
Fig. 2.
Rayon de Sûreté
Rayon de Sûreté
I.
II.
Tête d'avant-garde.
Gros de l'avant-garde.
Soutien de l'avant-garde.
Gros.
Reserve.
Avant-garde
Soutien
Gros.
Reservé.
Fig. 3.
Corps de Bataille
Avant garde
Gros
Reserve
Lithographie de J. B. Brasseau à Bruxelles.

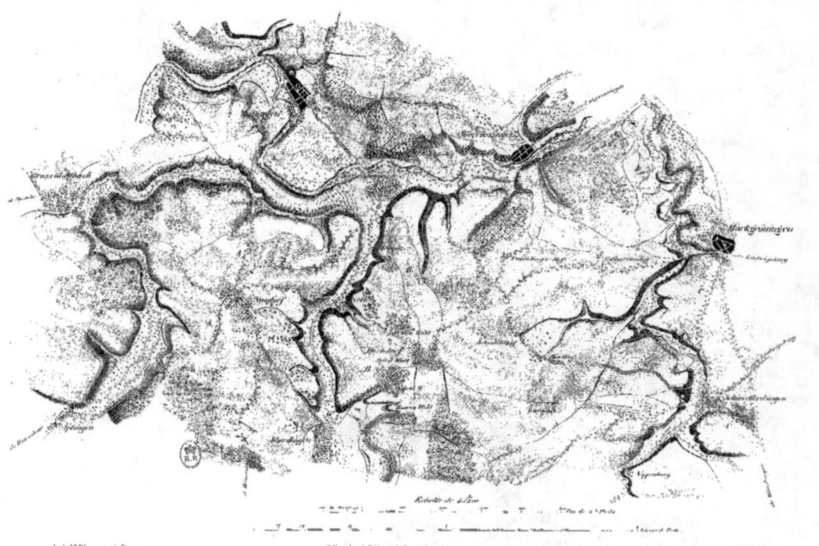
Markgrönningen
Echelle de 1/...
Lith. ...
H. Bourland, Editeur à Bruxelles.
Imp. par ...

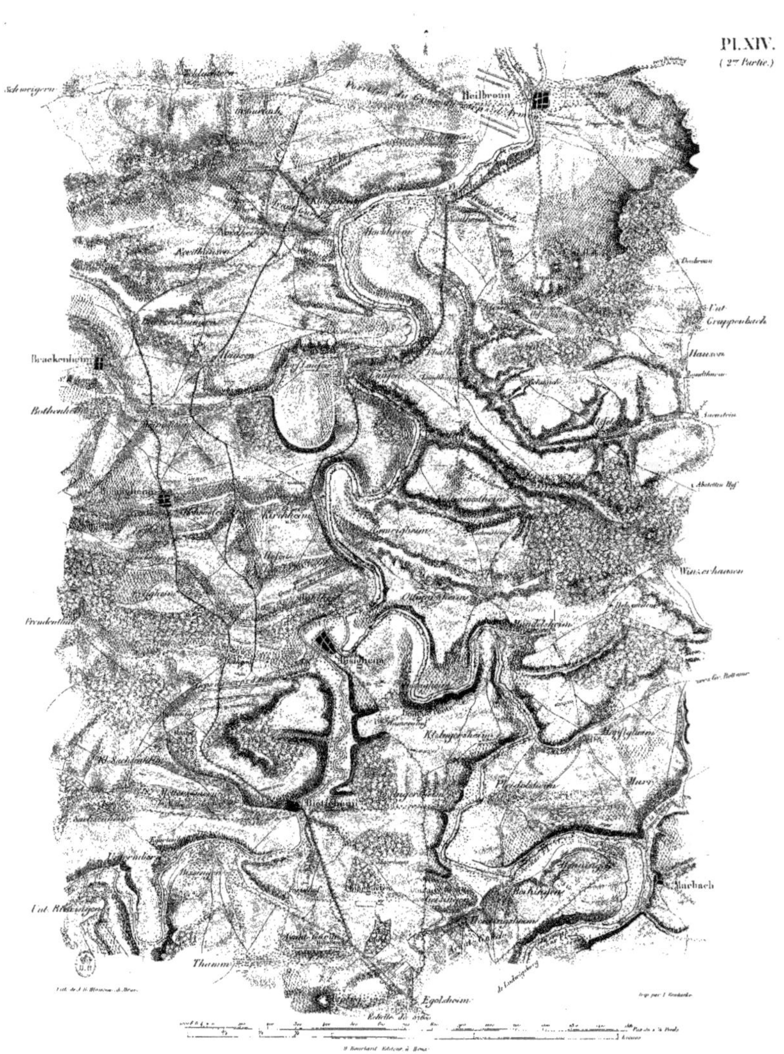

Pl. XIV.
(2.me Partie.)

Pl. XV
(2e Partie)
LUDWIGSBURG
Echelle de 5-630 de Natura.

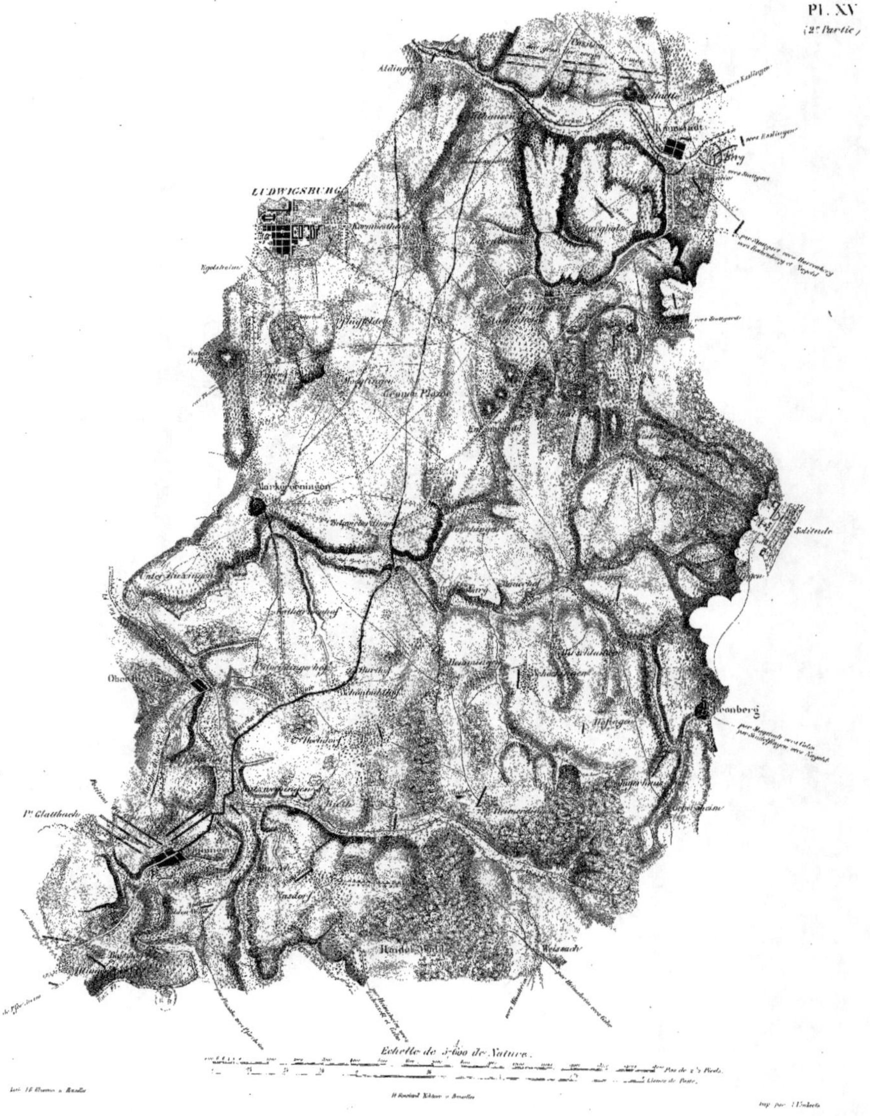

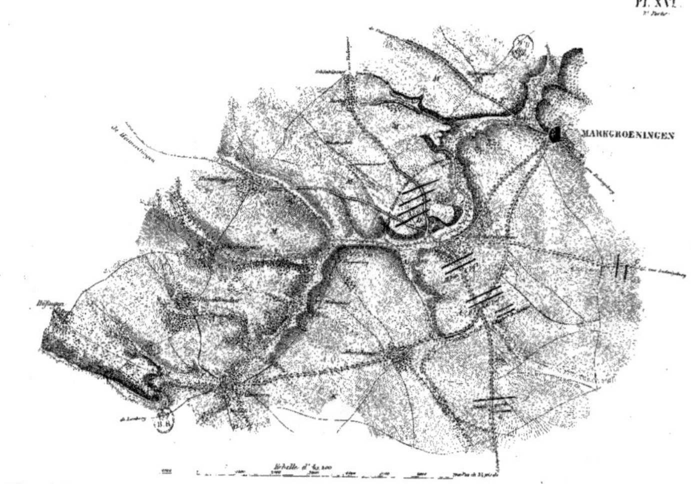

Pl. XVI.
MARKGROENINGEN
Echelle d'1/40.000
Lith. J. B. Blaereau à Brux.
B. Bourland, Editeur à Bruxelles.
Imp. par J. Vandoelte.